Autrui

LePetitPhilosophe.fr

Associez chaque citation à l'explication qui lui correspond.

Choisissez un sujet bac et construisez le plan de votre dissertation en y associant, si possible, certaines des citations et des explications reprises ci-dessus.

INTRODUCTION

Autrui : comment comprendre ce terme qui semble échapper à la langue elle-même en n'acceptant pas le moindre déterminant ? On ne peut en effet dire « un autrui » ni « l'autrui », une particularité qui en dit long : autrui, c'est cet autre qu'il nous est impossible de saisir. Mais, simultanément, autrui ne m'est-il pas extrêmement proche ? N'est-il pas cet autre moi, mon alter ego ? Ainsi, tout en m'échappant, il me parle de moi-même parce qu'il me ressemble. Premier paradoxe : **autrui est ce « moi » qui n'est pourtant pas moi**.

Intuitivement, nombreux sont ceux qui ramènent autrui aux questions chrétiennes de l'altruisme et du prochain. Il n'y a donc d'autrui que parce que je suis en relation avec lui. Ce qui nous met face à un deuxième paradoxe : **autrui est cette figure radicale de l'étrangeté qui se constitue pourtant dans la rencontre**.

Comment parler d'autrui sans préciser qui je suis, sans affirmer que j'existe ? Conceptualiser autrui suppose effectivement que la conscience du « je » soit solidement constituée. N'avons-nous pourtant pas affirmé qu'autrui incarnait la figure de l'altérité par excellence ? Se fait donc jour un troisième paradoxe : **autrui se présente comme cet autre dont la condition d'existence est le même**. Inversement, pour la phénoménologie, autrui ne peut être constitué par la conscience, mais sans autrui, la conscience n'a jamais pleinement confirmation d'elle-même. Tel est le quatrième paradoxe de la notion d'autrui, qui se révèle l'exact contraire du précédent : **autrui est cet autre qui précède nécessaire-**

ment le même et sans lequel le même ne peut s'élaborer.

<u>Niveaux de lecture :</u>

*** : incontournable

** : à ne pas négliger

* : pour approfondir

APPROCHES DE LA NOTION

AUTRUI AU CŒUR DES PASSIONS

L'amitié aristotélicienne *

La philosophie antique ne s'est pas interrogée sur la notion d'autrui en tant que telle car, à cette époque, la vie individuelle était profondément imbriquée dans la vie de la communauté. En ce sens, l'amitié était primordiale.

Dans *L'Éthique à Nicomaque*, **Aristote** (384-322 av. J.-C.) présente **l'amitié comme cette relation que nous établissons volontairement avec l'autre**. Celle-ci se nourrit d'une bienveillance réciproque et d'une générosité qui se démarque de l'intérêt comme de l'utile.

Ainsi, l'amitié apparait comme un type de rapport privilégié, basé sur des affinités de caractère, dans lequel autrui est élu (on n'est pas ami avec n'importe quel autre) et favorisé (citation 1). Par conséquent :

- d'une part, l'amitié rassemble les individus ;
- d'autre part, elle constitue une rencontre de l'autre, une porte ouverte à la découverte de l'altérité.

Néanmoins, le but de l'amitié est l'harmonie intérieure : l'ami est un autre nous-même, meilleur que nous-mêmes, au travers de la contemplation duquel nous tentons d'accéder au bonheur. Dans un tel contexte, **l'autre ne vaut pas « en soi » mais est un intermédiaire dans l'accomplissement de l'homme.**

L'amour du prochain *

Dans la Bible, le prochain est évoqué en termes d'amour réciproque qui semble à priori correspondre à la relation amicale décrite par Aristote. Pensons notamment au commandement du Lévitique : « Tu aimeras ton prochain comme toi-même. »

Cependant, **le prochain n'est pas l'autre envisagé dans sa singularité**, c'est-à-dire dans ce qu'il a d'unique, **mais celui qui, comme moi, compte parmi les créatures de Dieu**, ce qui fait de lui un frère.

Bien qu'autrui ne soit pas thématisé comme tel dans la pensée antique et médiévale, on y trouve les premiers éléments nécessaires à sa définition :

- autrui n'est pas simplement ce qui est autre au même titre que la pierre ou la plante sont autres que nous parce qu'ils nous sont extérieurs ;
- autrui est l'expression d'un rapport à l'autre : si autrui il y a, c'est parce que nous sommes en relation avec lui. Cette relation peut se déployer sous différents modes, dont l'amitié fait partie.

L'ambivalence des sentiments humains *

Cependant, l'amitié n'est pas la seule relation possible avec autrui. En effet, force est de constater l'ambivalence des sentiments humains, qu'**Emmanuel Kant** (1724-1804) a très bien résumée en évoquant **« l'insociable sociabilité » des hommes**. Aussi plusieurs penseurs se sont-ils interrogés sur l'origine de la vie en société et, notamment, sur les raisons qui poussent les hommes à s'aimer ou à se haïr, à se rechercher ou à se fuir, etc.

Thomas Hobbes (1588-1679) et **Jean-Jacques Rousseau** (1712-1778) partent tous les deux de l'hypothèse d'un état de nature, mais défendent des points de vue opposés :

- pour Hobbes, à l'état de nature, **les individus sont animés par des instincts égoïstes qu'ils assouvissent par la force** et cherchent constamment à affirmer leur puissance. C'est donc un état de guerre permanent dominé par la loi du plus fort. Ainsi, l'homme a été obligé d'instaurer des règles de vie en société pour assurer sa survie et sa sécurité ;
- inversement, Rousseau soutient qu'à l'état de nature, **les hommes sont animés par un sentiment de sympathie naturel vis-à-vis d'autrui** : ils font naturellement preuve de pitié et de compassion les uns envers les autres. Le philosophe estime que c'est la vie en société qui pervertit l'individu avec l'instauration de la propriété privée, qui engendre des rivalités et la naissance de l'amour-propre.

<u>**BON À SAVOIR :**</u>

L'état de nature est une hypothèse philosophique qui consiste à imaginer l'homme avant qu'il ne vive en société, avant qu'il ne partage des lois avec autrui.

Il est par conséquent difficile de trancher : d'une part, l'existence des autres constitue une menace pour sa liberté, d'autre part, l'homme a impérativement besoin des autres pour survivre, pour développer son intelligence et son gout de l'action, et même pour vivre. D'ailleurs, selon **David Hume** (1711-1776), **la solitude absolue est la pire punition qui puisse être infligée à l'homme** : nos passions n'auraient aucun sens et le plaisir lui-même nous ennuierait si on ne pouvait les partager avec autrui (citation 2).

AUTRUI, FIGURE DE L'IDENTITÉ

Au commencement était le sujet cartésien **

C'est à la modernité, alors qu'émerge le sujet individuel, que la question de l'autre est abordée pour elle-même. Cela dit, dans un premier temps, l'affirmation du « je » n'implique pas encore l'existence d'autrui.

René Descartes (1596-1650), qui a pour projet de donner à la connaissance des bases solides, met en place une méthode originale : le doute radical, qui consiste à douter de tout ce qu'il tenait pour vrai jusque-là. Mais ce faisant, il bute sur une certitude inébranlable : le fait qu'il est justement en train de douter. Or s'il doute, cela signifie qu'il pense, et s'il pense, c'est qu'il existe. Il aboutit ainsi à **l'évidence du cogito** (« Je pense donc je suis »).

Dès lors, le fondement du savoir n'est autre que la certitude de l'existence du sujet pensant. Mais cela conduit au solipsisme : **la conscience est incapable de sortir de ses propres représentations, ce qui implique un enfermement en elle-même et donc une solitude absolue**. Dans ce contexte, elle est radicalement coupée du monde qui ne peut être pour elle qu'un objet – autrui faisant partie du monde, il apparait donc également comme un objet. Par ailleurs, comme seule son existence est confirmée, cela laisse planer le doute sur tous ces autres habillés de manteaux et coiffés de chapeaux (citation 3).

Descartes n'en reste cependant pas là. Examinant le sujet, le philosophe repère, parmi toutes les idées qui le constituent, l'idée d'infini. Or elle ne peut être le fruit du sujet, celui-ci étant fini. Elle a donc nécessairement été placée en lui par Dieu, ce qui prouve l'existence de ce dernier. Descartes se sert alors de la preuve de l'existence de Dieu pour rétablir le monde du sujet et ainsi récupérer ce qui a été nié par le doute : **Dieu étant bon, il ne peut faire en sorte que l'on se trompe lorsque l'on pense que le monde existe**.

Néanmoins, le sujet cartésien reste enfermé dans le solipsisme :

- l'altérité divine est seconde par rapport à l'affirmation du cogito ;
- l'existence de l'autre étant déduite de celle de Dieu, elle est seconde également ;
- bien que le sujet puisse valider l'existence de ces silhouettes habillées de manteaux et coiffées de chapeaux, il reste une part d'incertitude quant à ce qui fait d'eux des hommes au même titre que lui : contrairement à leur corps organique, l'esprit de ces silhouettes lui restera toujours invisible et inaccessible. Lorsqu'il considère ces autres qu'il voit dans la rue comme des sujets, il le fait donc plus par habitude que par certitude.

L'autre, ce moyen terme indispensable à la connaissance de soi ***

C'est seulement au XIXe siècle qu'autrui devient l'objet d'une réelle réflexion, notamment avec **Georg Wilhelm Friedrich Hegel** (1770-1831). Dans *La Phénoménologie de l'esprit* (1807), celui-ci explique que l'autre est nécessaire dans le processus d'affirmation de soi de la conscience.

Pur désir, la conscience n'est pas d'abord conscience de soi : elle est entièrement immergée dans son existence mondaine, c'est-à-dire qu'il n'y a pas de décalage entre ce qu'elle vit et elle-même. Progressivement, elle apprend à se connaitre en se réfléchissant et en s'extériorisant, mais pour réellement s'affirmer et montrer son caractère subjectif, elle doit faire face à une autre conscience : **l'affirmation de la conscience n'est possible qu'à condition d'être reconnue comme telle par une autre conscience**, ce qui suppose que cette dernière vise elle aussi la reconnaissance d'autrui pour s'affirmer. La rencontre entre consciences s'inscrit donc dans une dynamique de réciprocité : chacune cherche à être reconnue par l'autre (citation 4).

Cette rencontre prend alors la forme d'un affrontement :

- la conscience se rend compte de l'existence de l'autre en tant que tel et vice versa, et s'aperçoit que le désir de l'autre contrecarre le sien. Dès lors, chaque conscience veut s'affirmer vis-à-vis de l'autre en tant que sujet libre. S'enclenche une véritable lutte à mort : en effet, ce n'est qu'en acceptant de mettre sa vie en péril que la conscience peut se déclarer radicalement libre ;

- par conséquent, deux figures apparaissent : la conscience qui réussit à imposer son désir devient le maitre de celle qui renonce à son désir par peur de la mort. Celle-ci reconnait en l'autre ce moi qu'elle n'a pas été capable d'assumer. Notons cependant que la situation s'inverse par la suite : en réalisant les désirs du maitre, l'esclave le rend dépendant de ses services et devient plus libre que ne l'est son maitre.

Dans la perspective hégélienne, autrui est donc réduit à ce moyen terme qui rend possible l'affirmation de la conscience de soi.

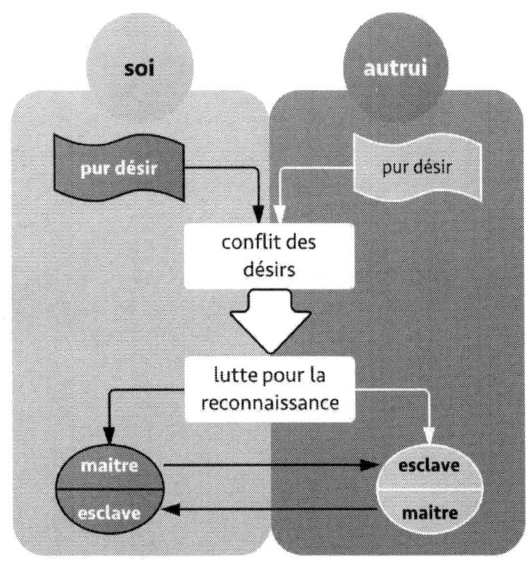

Autrui liberticide ***

Dans *L'Être et le Néant* (1943), le philosophe existentialiste **Jean-Paul Sartre** (1905-1980) prolonge en quelque sorte les observations d'Hegel, faisant du rapport à l'autre un élément constitutif de la conscience de soi. Autrement dit, autrui est indispensable pour répondre à la question « Qui suis-je ? ».

<u>BON À SAVOIR :</u>

L'**existentialisme** désigne, de manière générale, toute philosophie qui s'intéresse à l'existence de l'homme. Dans un sens plus moderne, il s'agit d'une pensée qui affirme la primauté de l'existence vécue sur l'essence humaine.

Selon Sartre, la conscience comporte une triple structure :

- l'en-soi désigne la conscience telle qu'elle est lorsqu'elle est réduite à la situation dans laquelle elle se trouve. Ainsi, pour l'homme, être pur en-soi, c'est être mort ;
- le pour-soi désigne la conscience de soi et la conscience des choses. L'homme est donc essentiellement pour-soi ;
- le pour-autrui désigne la conscience telle qu'elle se présente à autrui. Le pour-autrui surgit compte tenu de l'existence de l'autre.

Sartre imagine que, caché derrière une porte, il regarde par le trou de la serrure, lorsqu'il entend des pas dans le corridor : dès lors qu'il se sent regardé, il a honte de ce qu'il est (en-soi) parce que ce qu'il est soudainement exposé au regard d'autrui. Ainsi, **l'expérience de la honte met en évidence l'irréductible existence d'autrui** : il existe, qu'on le veuille ou non.

Sous le regard de l'autre, **on s'apparait à soi-même en tant qu'objet pour autrui** : on est ainsi réduit à son en-soi et **on est privé de sa liberté**. Pour redevenir libre, on doit s'arracher à son statut d'objet, ce qui requiert paradoxalement d'assumer ce statut : c'est en assumant cette situation que l'on témoigne à nouveau de sa liberté et que l'on se montre véritablement soi-même. Ce renversement entraine inévitablement la réification de l'autre : assumer sa limite revient effectivement à y renvoyer autrui. En montrant à autrui que le pour-autrui n'est qu'un de nos possibles et non ce à quoi on est réduit, on le dépossède de ce qui fait de lui un sujet : nous rendre objet.

Les relations aux autres sont donc toujours conflictuelles et la réciprocité semble difficilement pensable dans le cadre des analyses sartriennes. La situation où deux sujets se font face est effectivement impossible :

- soit on est objet (pour-autrui) et autrui est sujet (pour-soi) ;
- soit on est sujet et autrui est objet.

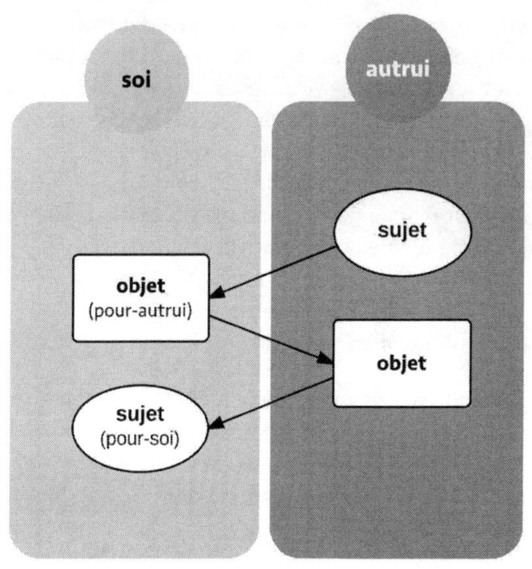

AUTRUI COMME PORTE D'ENTRÉE À L'ÉTHIQUE

Autrui, une personne qui appelle le respect **

Selon **Emmanuel Kant**, c'est l'entrée dans la morale qui fait surgir l'autre : celui-ci constitue le critère permettant à la raison morale de s'exercer de manière inconditionnée et universelle.

Comme le philosophe l'explique dans la *Critique de la raison pratique* (1788), **l'attitude morale** ne peut dépendre des circonstances : elle **doit pouvoir être érigée en une loi, valable pour tout homme, en tout temps et en tout lieu**. Cette loi morale, appelée « impératif catégorique », est dans un premier temps formulée comme suit : « Agis toujours de telle sorte que la maxime de ta volonté puisse valoir comme principe de législation universelle. » Cela signifie que notre action n'est morale que si on peut, sans contradiction, exiger de tout homme et en toute circonstance qu'il agisse de la même manière. L'homme qui agit moralement se conduit alors en sujet autonome, puisque la loi à laquelle il se soumet est celle qu'il formule lui-même à l'aide de sa raison.

Il existe toutefois une seconde formulation de cet impératif catégorique dans laquelle **l'autre est invoqué en tant que fin, c'est-à-dire comme une liberté qui, en tant que telle, exige d'être traitée avec dignité et donc respectée**.

L'autre se définit donc comme une personne qui appelle le respect, et non comme un objet de connaissance. Néanmoins, cet autre n'est pas encore tout à fait autrui, puisque ce qui intéresse Kant, c'est d'abord notre relation à l'autre de manière générale avant notre rencontre avec l'autre en tant que personne particulière.

Autrui, pure transcendance **

Emmanuel Levinas (1906-1995) établit lui aussi un lien étroit entre moralité et autrui, mais il défend le point de vue opposé à Kant : ce n'est pas l'entrée dans la morale qui fait apparaitre autrui, c'est autrui qui est à l'origine de la morale.

D'après lui, **l'existence d'autrui met en question la toute-puissance de notre liberté en engendrant en nous un sentiment de culpabilité** : face à autrui, nous avons honte de la « liberté meurtrière » que nous sommes (citation 7).

C'est plus précisément dans l'expérience du visage d'autrui que nous réalisons l'indignité de notre liberté. Paradoxalement, sa nudité, sa fragilité, le fait qu'il s'offre entièrement et sans défense, lui confère une supériorité : autrui apparait comme pure transcendance, c'est-à-dire qu'il nous dépasse et procède d'un tout autre ordre que nous. Nous sommes alors incapables de nous en détourner sans nier la responsabilité que nous avons à son égard. Le visage d'autrui est donc un appel à l'exercice de notre responsabilité, et c'est en répondant à cet appel que nous devenons des sujets responsables. Ainsi, selon Levinas, le soi est constitué par l'autre. Autrement dit, **c'est dans la relation à autrui que le sujet s'élabore**.

On peut néanmoins se demander si la supériorité qui est accordée à l'autre n'engendre pas un déséquilibre dans la relation, rendant finalement impossible une véritable rencontre. C'est depuis toute la hauteur de sa transcendance qu'autrui m'interpelle. Or la véritable rencontre ne suppose-t-elle pas une véritable coprésence, une relation entre un je et un tu égaux ?

AUTRUI, FIGURE DE L'ALTÉRITÉ

Autrui, obstacle à la raison ? *

Pour réellement appréhender autrui, il faut le laisser apparaitre tel qu'il est, à sa place de sujet. Autant dire qu'autrui défie par sa seule présence l'attitude de connaissance propre à la raison moderne. En effet, faculté toute-puissante, la raison vise une connaissance totalisante du monde, lequel se réduit dès lors à un objet de connaissance. Dans ce schéma sujet-objet propre à la modernité, autrui dérange : le saisir comme un objet c'est d'emblée le manquer, mais comment pourrait-on le connaitre autrement ?

Il faut se rendre à l'évidence : **autrui est celui que l'on rencontre et non celui que l'on connait**. Pour avoir une chance de l'appréhender dans sa réalité, il est impératif de changer de point de vue : au lieu de partir de moi, partons de lui. C'est tout l'enjeu de la pensée de Levinas, mais également de la phénoménologie.

> **BON À SAVOIR :**
>
> La **phénoménologie** consiste en un retour aux choses mêmes qui passe par la description des phénomènes tels qu'ils apparaissent à la conscience.

La **phénoménologie** semble incarner la voie royale pour penser autrui dans sa singularité et en respecter la complexité, puisqu'elle permet de décrire **comment autrui**

m'apparait en tant que tel. Ce qui revient à poser la question d'autrui en termes d'intersubjectivité : autrui étant un sujet au même titre que nous, nous ne pouvons donc l'appréhender que dans un rapport intersubjectif, qui requiert de quitter la perspective moderne classique du rapport sujet-objet. Autrui se conçoit comme ce phénomène :

- qui se présente à notre conscience et dont on ne peut mettre en doute l'existence ;
- qui se distingue d'emblée des autres phénomènes en cela qu'il est un sujet.

Autrui comme alter ego **

Néanmoins, c'est d'abord comme un problème qu'autrui s'est manifesté au fondateur de la phénoménologie, **Edmund Husserl** (1859-1938), dans la cinquième de ses *Méditations cartésiennes* (1929).

Alors que la phénoménologie doit pouvoir rendre compte de l'apparition de tous les phénomènes, autrui se présente comme un phénomène impossible : on ne peut nier son apparition en nous, mais simultanément, qui il est ne nous apparait pas. Comment, en effet, la conscience pourrait-elle rendre compte d'une autre intériorité que la sienne ?

Husserl montre alors qu'**autrui est cet alter ego dont le sens se forme en nous** : en tant qu'il est autre, il nous est impossible d'appréhender autrui directement, mais en tant qu'il nous ressemble, qu'il a un corps similaire au nôtre, nous pouvons l'appréhender depuis notre *Leib*, c'est-à-dire depuis notre corps tel qu'il est vécu par la conscience. Via l'imagination, **nous interprétons autrui en fonction de ce que nous savons de nous**, et nous lui accordons un *Leib* au même titre que le nôtre.

En conclusion, avec la phénoménologie husserlienne, nous n'avons pas directement accès à l'autre : autrui peut uniquement être saisi comme un alter ego. Ainsi, tout en rendant compte d'autrui en tant que tel – tout comme nous, il est un *Leib*, un sujet, et non un objet –, le mystère de l'autre est préservé – l'énigme d'autrui est garantie puisque nous n'aurons jamais accès au point de vue qui est le sien, puisque nous ne pourrons jamais ressentir ce qu'il ressent comme il le ressent.

Autrui, un corps vécu ***

Inversement, **Maurice Merleau-Ponty** (1908-1961) n'aboutit pas au *Leib*, mais le prend comme point de départ.

Le *Leib* ou « corps vécu » est perception, c'est-à-dire qu'il se confond avec le toucher, le voir et le sentir : notre *Leib* nous ouvre au monde. **Tout comme nous, autrui incarne un corps vécu : à ce titre, nous faisons tous deux partie d'un même monde, celui de la perception**. Il s'agit du fond sur la base duquel nous pouvons enfin nous rencontrer.

Dans *Signes* (1960), Merleau-Ponty définit notre corps vécu comme une expérience du « touchant-touché » : ce qui le caractérise, c'est sa réversibilité, dont nous prenons conscience lorsque nos deux mains se touchent. Notre corps n'est jamais simplement objet (cette main qui peut être touchée), il est toujours déjà sujet (cette main qui touche).

Nous sommes donc d'emblée inscrits dans une altérité à nous-mêmes. Autrement dit, l'expérience de notre *Leib* est celle de l'altérité. Cette altérité est une énigme, un mystère, au sens où elle introduit une opacité qui interdit un rapport transparent à nous-mêmes.

Cette opacité propre à notre corps vivant se retrouve dans notre rapport à autrui : nous faisons avec lui l'expérience du « touchant-touché », autrement dit il est ce corps que nous ne pouvons objectiver puisqu'il est toujours déjà sujet. Dès lors, l'expérience d'autrui révèle que :

- comme nous, autrui est un corps de perception réversible, inscrit dans l'altérité ;
- en tant que sujet, l'autre est celui avec qui nous entrons en communication.

Dans *La Prose du monde* (1969), le philosophe présente **le langage comme ce lieu universel dans lequel notre relation à autrui peut s'accomplir** (citation 8), au sens où la parole :

- incarne ce monde culturel commun qui nous permet d'entrer en communication ;
- permet la singularité de notre rencontre avec autrui. Par la parole, nous nous singularisons au contact de cet autrui spécifique auquel nous nous adressons.

Avec Merleau-Ponty, l'énigme qu'incarne autrui ne peut donc plus être envisagée de manière négative : sans jamais avoir accès au point de vue d'autrui, nous pouvons néanmoins le comprendre puisqu'il s'exprime au départ d'un monde que nous partageons. Dès lors, le conflit est loin d'être le seul rapport possible avec autrui, comme le laissaient entendre les analyses d'Hegel ou de Sartre.

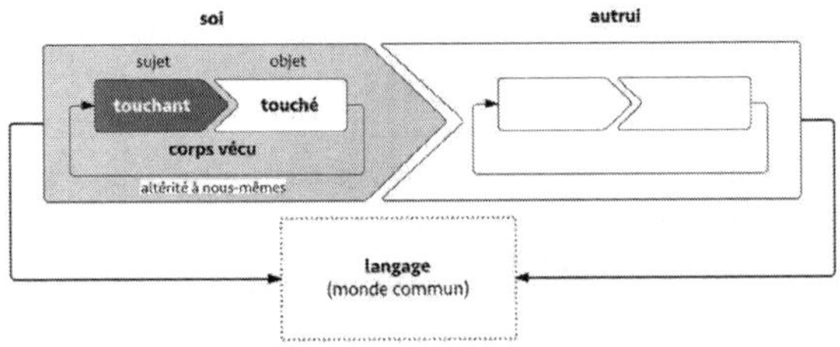

Ce n'est qu'avec l'émergence du sujet individuel que la question de l'autre commence à être abordée pour elle-même. Cependant, au départ, **Descartes**, accorde le primat à l'existence du cogito.

Hegel et **Sartre** avancent quant à eux le caractère indispensable d'autrui dans la constitution de la conscience de soi : pour le premier, l'affirmation de la conscience n'est possible qu'à condition d'être reconnue comme telle par une autre conscience ; pour le second, la confrontation à autrui permet à l'homme d'être libre et de se montrer tel qu'il est, en s'arrachant à la représentation que l'autre a de lui.

Selon **Kant**, autrui constitue le critère permettant à la raison morale de s'exercer. Il est une liberté qui, en tant que telle, exige d'être traitée avec dignité et respect. **Levinas** établit lui aussi un lien étroit entre moralité et autrui : par le visage d'autrui, nous réalisons l'indignité de notre liberté toute-puissante et devenons des sujets responsables.

Husserl montre qu'autrui est cet alter ego dont le sens se forme en nous : en tant qu'il est autre, il nous est impossible de l'appréhender directement, mais en tant qu'il nous ressemble, nous l'interprétons en fonction de ce que nous savons de nous.

Merleau-Ponty estime pour sa part que, tout comme nous, autrui incarne un corps vécu : à ce titre, nous faisons tous les deux partie du même monde de la perception. Il s'agit du fond sur la base duquel nous pouvons nous rencontrer, par le biais du langage.

Votre avis nous intéresse !
Laissez un commentaire sur le site de votre librairie en ligne
et partagez vos coups de cœur sur les réseaux sociaux !

POUR ALLER PLUS LOIN

- ARISTOTE, *L'Éthique à Eudème*, tradution de Vianney Décarie, Paris, Vrin, 1984.
- ARISTOTE, *L'Éthique à Nicomaque*, traduction de Jean Tricot, Paris, Vrin, 1990.
- BUBER (Martin), *Je et Tu*, traduction de Geneviève Bianquis, Paris, Aubier-Montaigne, 1992.
- DESANTI (Jean-Toussaint), *Introduction à la phénoménologie*, Paris, Gallimard, 1976.
- DESCARTES (René), « Méditations métaphysiques », in *Œuvres complètes*, Paris, Vrin, 1996.
- FONTAINE (Philippe), *La Question d'autrui*, Paris, Ellipses, 1999.
- FRAISSE (Jean-Claude), *Philia. La notion d'amitié dans la philosophie antique*, Paris, Vrin, 1984.
- HEGEL (Georg Wilhelm Friedrich), *La Phénoménologie de l'esprit*, traduction de Jean Hyppolite, Paris, Aubier-Montaigne, 1941.
- HEGEL (Georg Wilhelm Friedrich), *Propédeutique philosophique*, traduction de Maurice de Gandillac, Paris, Éditions de Minuit, 1997.
- HOBBES (Thomas), *Le Léviathan*, Paris, Gallimard, 2000.
- HUME (David), *Traité de la nature humaine*, traduction de Jean-Pierre Cléro, Paris, GF-Flammarion, 1991.
- HUSSERL (Edmund), *Méditations cartésiennes. Introduction à la phénoménologie*, traduction de Gabrielle Peiffer et d'Emmanuel Levinas, Paris, Vrin, 1947.
- KANT (Emmanuel), *Critique de la raison pratique*, traduction de Jean-Pierre Fussler, Paris, GF-Flammarion, 2003.

- LAUPIES (Frédéric), *Leçon philosophique sur autrui*, Paris, PUF, 1999.
- LEVINAS (Emmanuel), *Difficile liberté*, Paris, Le Livre de Poche, 1984.
- LEVINAS (Emmanuel), *Le Temps et l'Autre*, Paris, PUF, 1983.
- LEVINAS (Emmanuel), *Totalité et Infini*, Paris, Librairie générale française, 1989.
- MERLEAU-PONTY (Maurice), *La Prose du monde*, Paris, Gallimard, 1969.
- MERLEAU-PONTY (Maurice), *Phénoménologie de la perception*, Paris, Gallimard, 1976.
- MERLEAU-PONTY (Maurice), *Signes*, Paris, Gallimard, 1960.
- ROUSSEAU (Jean-Jacques), *Discours sur l'origine et les fondements de l'inégalité parmi les hommes*, Paris, GF-Flammarion, 2012.
- SARTRE (Jean-Paul), *L'Être et le Néant*, Paris, Gallimard, 1943.

TESTEZ VOS CONNAISSANCES !

ASSOCIEZ CHAQUE CITATION À L'EXPLICATION QUI LUI CORRESPOND.

Citation 1 : « [...] le plaisir de l'amitié, c'est celui qui provient de l'ami en tant que tel : son ami l'aime pour lui-même, non parce qu'il est autre. » (ARISTOTE, *L'Éthique à Eudème*, Paris, Vrin, 1984, livre 7, chapitre 2, 1237a30-b4)

Citation 2 : « Il n'est peut-être pas possible d'endurer un châtiment plus pénible que l'isolement complet. Tout plaisir devient languissant quand on en jouit hors de toute compagnie ; et toute peine devient alors plus cruelle et plus intolérable. » (HUME (David), *Traité de la nature humaine*, Paris, GF-Flammarion, 1991, livre 2, partie 2, section 4, p. 211)

Citation 3 : « [...] que vois-je de cette fenêtre, sinon des chapeaux et des manteaux, qui peuvent couvrir des spectres ou des hommes feints qui ne se remuent que par ressorts ? » (DESCARTES (René), « Méditations métaphysiques », in *Œuvres complètes*, Paris, Vrin, 1996, deuxième méditation)

Citation 4 : « En face de l'autre, chacun est absolument pour lui-même et singulier, et il exige, en outre, d'être tel pour l'autre et d'être tenu pour tel par l'autre, d'avoir dans l'autre l'intuition de sa propre liberté comme liberté d'un étant-en-soi, c'est-à-dire d'être reconnu par l'autre. » (HEGEL (Georg Wilhelm Friedrich), *Propédeutique philosophique*, Paris, Éditions de Minuit, 1997, cours 2, subdivision 1, p. 97)

Citation 5 : « Ma chute originelle, c'est l'existence de l'autre ; [...] je saisis le regard de l'autre au sein même de mon acte, comme solidification et aliénation de mes propres possibilités. » (SARTRE (Jean-Paul), *L'Être et le Néant*, Paris, Gallimard, 1943)

Citation 6 : « Agis de telle sorte que tu traites l'humanité, soit dans ta personne, soit dans la personne d'autrui, toujours en même temps comme une fin, et que tu ne t'en serves jamais simplement comme d'un moyen. » (KANT (Emmanuel), *Critique de la raison pratique*, Paris, GF-Flammarion, 2003)

Citation 7 : « [Autrui] met en question le droit naïf de mes pouvoirs, ma glorieuse spontanéité de vivant. [...] L'accueil d'autrui est ipso facto la conscience de mon injustice – la honte que la liberté éprouve pour elle-même. » (LEVINAS (Emmanuel), *Totalité et Infini*, Paris, Librairie générale française, 1989, p. 56)

Citation 8 : « Dans l'expérience du dialogue, il se constitue entre autrui et moi un terrain commun, ma pensée et la sienne ne font qu'un seul tissu [...]. [...] nos perspectives glissent l'une dans l'autre, nous coexistons à travers un même monde. » (MERLEAU-PONTY (Maurice), *Phénoménologie de la perception*, Paris, Gallimard, 1976)

Explication a : pour devenir un sujet libre, la conscience doit s'affirmer vis-à-vis d'une autre conscience, et ce n'est qu'en acceptant de mettre sa vie en péril qu'elle sera véritablement libre.

Explication b : l'amitié est un type de rapport privilégié où l'autre est choisi pour lui-même et favorisé.

Explication c : le langage est le lieu universel de notre relation à autrui, car il représente un monde culturel commun qui nous permet de communiquer.

Explication d : la solitude absolue est la pire des punitions que l'on puisse infliger à l'être humain.

Explication e : seule l'existence du cogito étant certaine, cela laisse planer le doute sur l'existence de tous ces autres coiffés de chapeaux et vêtus de manteaux.

Explication f : l'existence d'autrui provoque chez l'homme un sentiment de culpabilité qui ébranle la toute-puissance de sa liberté.

Explication g : l'autre doit être traité comme une fin, c'est-à-dire comme une liberté qui exige le respect.

Explication h : les hommes éprouvent naturellement de la sympathie vis-à-vis d'autrui, ce qui les pousse à faire preuve de pitié et de compassion.

Explication i : par le biais de notre imagination, nous interprétons autrui en fonction de ce que nous savons de nous, et nous lui attribuons un corps vécu au même titre que le nôtre.

Explication j : le regard d'autrui nous réduit à l'état d'objet et nous prive ainsi de notre liberté.

Explication k : chaque conscience a besoin d'être reconnue comme libre et singulière par une autre conscience.

CHOISISSEZ UN SUJET BAC ET CONSTRUISEZ LE PLAN DE VOTRE DISSERTATION EN Y ASSOCIANT, SI POSSIBLE, CERTAINES DES CITATIONS ET DES EXPLICATIONS REPRISES CI-DESSUS.

- Est-il plus facile de connaitre autrui que de se connaitre soi-même ? (bac ES 2008)
- N'avons-nous de devoirs qu'envers autrui ? (bac L 2006)
- Qu'est-ce que comprendre autrui ? (bac ES 2004)
- Autrui est-il un autre moi-même ?
- Comment puis-je connaitre autrui ?
- Peut-on se passer des autres ?
- Pourquoi l'homme a-t-il toujours besoin du regard d'autrui ?
- La conscience de soi suppose-t-elle autrui ?
- Le conflit est-il au fondement de tout rapport avec autrui ?
- Qu'est-ce qui justifie le respect d'autrui ?

Rendez-vous sur lepetitphilosophe.fr et découvrez :

Plus de 1200 analyses
Claires et synthétiques
Téléchargeables en 30 secondes
À imprimer chez soi

L'éditeur veille à la fiabilité des informations publiées, lesquelles ne pourraient toutefois engager sa responsabilité.

© **LePetitPhilosophe.fr, 2017. Tous droits réservés.**

www.lepetitphilosophe.fr

ISBN version numérique : 978-2-8062-4461-1
ISBN version papier : 978-2-8062-4439-0
Dépôt légal : D/2017/12603/588

Schémas réalisés par Alberto Molina Pérez,
doctorant en philosophie des sciences
(Université Paris I-Panthéon-Sorbonne)

Conception numérique : Primento,
le partenaire numérique des éditeurs.

Made in the USA
Monee, IL
08 July 2026

56666554R00020